DIE REIHE
Archivbilder

BAD BRAMSTEDT

Volker Ehlers und Judith Giese

**SUTTON
VERLAG**

Sutton Verlag GmbH
Gustav-Adolf-Straße 3
99084 Erfurt
http://www.suttonverlag.de

Copyright © Volker Ehlers und Judith Giese, 2002

ISBN 3-89702-406-3

Druck: Midway Colour Print, Wiltshire, England

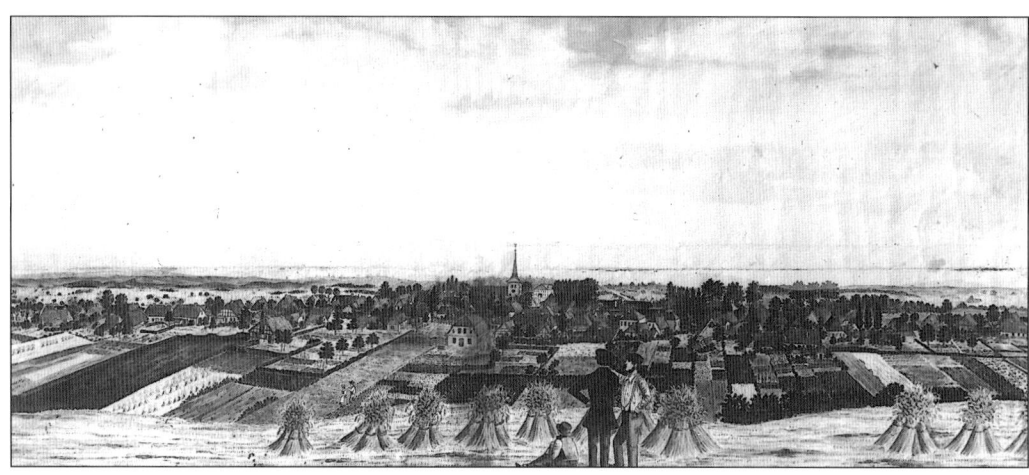

Bramstedt vom Liethberge aus gesehen, gezeichnet von A. Brackow im Juli 1847. Das Original dieses Bildes befindet sich im Städtischen Museum Flensburg.

Inhaltsverzeichnis

Danksagung

Wir möchten uns recht herzlich bei allen „Bramstedtern" bedanken, die uns großzügig Bildmaterial zur Verfügung gestellt haben und bei der Identifizierung von Personen, Gebäuden und Ereignissen sowie bei der Datierung halfen. Besonderer Dank gilt der Stadt Bad Bramstedt, dem Stadtarchivar Manfred Jacobsen, den Freunden der Wald und Moorbahn e.V. (WuM) und hier insbesondere Herrn Jürgen Kallinich.

Literaturhinweise

Jan Uwe Schadendorf, Alt-Bramstedt im Bild, Verlag Roland Werbung, 1978
Wolfgang Platte, Geschichte Bramstedts, Sommerland Verlag, 1988
Gerhard Hoch, Oskar Alexander – Vom Kurhaus ins Konzentrationslager, Roland Verlag, 1994

Einleitung

Die Besiedlung des Bad Bramstedter Raumes reicht weit bis in die Frühgeschichte zurück, wie Funde aus der frühen Steinzeit belegen. Am Zusammenfluß der Osterau und Hudau zur Bramau gelegen, boten diese Flüsse den frühen Siedlern reichlich frisches Wasser und Fischgründe. Der Boden in unmittelbarer Umgebung war trocken und sandig, die weitere Umgebung aber durch ausgedehnte Moore geschützt. Der im Norden gelegene Höhenzug der Lieth bot Schutz gegen die kalte Witterung und mit seinem Wald eine wichtige Nahrungsquelle. Spätestens seit dem Beginn der Bronzezeit ist von einer seßhaften Besiedelung auszugehen, wie die zahlreich gefundenen Grabhügeln nahelegen.

Der Ursprung des Ortsnamens ist wahrscheinlich in der Zeit des dritten bis fünften nachchristlichen Jahrhunderts zu suchen. So setzt sich der Name aus den Silben Bram-, die niederdeutsche Bezeichnung für Ginster, und der Nachsilbe -stedt zusammen. Letztere wurde in Schleswig-Holstein relativ selten benutzt. Nach dem fünften Jahrhundert gegründete Siedlungen erhielten die für diesen Raum gebräuchlicheren Endungen -büttel, -borstel oder -husen.

Die Christianisierung begann Mitte des neunten Jahrhunderts und brachte Bramstedt bald die erste christliche Kapelle. Erstmals urkundlich erwähnt wurde Bramstedt am 6. Februar 1316. In der Folge entwickelte sich das Kirchspiel zu einem eigenständigen Verwaltungs- und Gerichtsbezirk.

Durch seine Lage an einem wichtigen Verkehrsknotenpunkt erlangte der Ort Gewicht und Wohlstand. Hier kreuzten sich der in Ost-West-Richtung verlaufende Itzehoer Heerweg und die einzige Straßenverbindung zwischen Kiel und Hamburg, denn hier, auf der Höhe der heutigen Beeckerbrücke, befand sich eine der wenigen Furten über die Auen. Diese Gegebenheiten führten zu einem regen Handel. Insbesondere der Ochsenhandel florierte und brachte verschiedene Privilegien und den Roland mit sich. Dieses Symbol des rechtskräftigen Handels findet in einer Bestätigung der Fleckensprivilegien aus dem Jahre 1652 durch Friedrich III. seine erste urkundliche Erwähnung.

Wenige Jahre zuvor war der für den Flecken Bramstedt legendäre König Christian IV. verstorben. Er erlangte durch seine Beziehung zu Wiebcke Kruse, einer jungen Bauerntochter aus Föhrden-Barl, für den Ort besondere Bedeutung. Er soll sie auf Höhe der Beeckerbrücke beim Wäschewaschen erblickt und sie danach in seinen Dienst genommen haben. Es entwickelte sich eine Liebesbeziehung, und Wiebcke Kruse galt als die dem König „zur Linken angetrauten Ehefrau". Im Jahre 1630 kaufte Christian IV. das adelige Gut Bramstedt und einiges umliegende Land hinzu und schenkte diesen Besitz 1633 seiner Wiebcke Kruse. Zu dieser Zeit stand das Schloß auf dem Gelände, welches sich hinter dem heutigen Schloß befindet. Dieses war das ursprüngliche Torhaus und wurde erst um 1750 durch den Grafen Stollberg zum Herrensitz ausgebaut, als das alte Schloß wegen Baufälligkeit abgerissen werden mußte.

Zwischen dem im 16. Jahrhundert gegründeten adligen Gut Bramstedt und den freien Bewohnern des Fleckens kam es zwischen 1530 und 1685 zu immer schärferen Konflikten, die in der „Fleckensbefreiung" gipfelten. Der Flecken war zu diesem Zeitpunkt durch den König verpfändet, und die Pfandrechte lagen beim Grafen von Kielmannsegg. Dieser versuchte zunächst mit Nachdruck, leibeigene Strukturen einzuführen, scheiterte aber am erbitterten Widerstand der Bramstedter. Deren Anführer, Jürgen Fuhlendorf, wurde verhaftet, aber bevor die Situation weiter eskalierte, begannen Verhandlungen zwischen den Parteien um den Rückkauf des Fleckens durch die Bramstedter selbst. Dieser Rückkauf war 1695 beendet und hinterließ die Bramstedter frei und arm.

Im Jahre 1681 kündigte sich erstmals eine neue Einnahmequelle für den Flecken an. Ein Hirtenjunge, der zeit seines Lebens unter Fieberschüben (vielleicht rheumatisches Fieber?) gelitten hatte, badete in einer Quelle in den Auen und trank daraus. Seine baldige Genesung sprach sich schnell herum, und die Quelle wurde Anziehungspunkt für viele Besucher. Die Bramstedter Fuhrleute und Krüger machten ein gutes Geschäft, doch leider geriet der Brunnen schnell wieder in Vergessenheit.

1761 wurde er wiederentdeckt und zog eine so große Anzahl von Brunnengästen an, daß zeitgenössische Berichte von einem Mangel an Unterbringungsmöglichkeiten für die Besucher sprechen. Leider versiegte die Einnahmequelle auch dieses Mal, bevor die Bramstedter sie richtig nutzten konnten, denn einige Ärzte bescheinigten dem Wasser, keine Heilkraft zu haben, und die Brunnengäste blieben danach fern. Auch eine erneute Wiederentdeckung im Jahre 1810 führte nicht zu einem regelmäßigen Kurbetrieb.

1879 trat Gottlieb Carl Christian Freudenthal sein Amt als Bürgermeister an, das er danach knapp 30 Jahre lang innehaben sollte. Er erkannte die Chance, die in den Heilquellen lag und förderte die Eröffnung des Matthiasbades 1879, gegründet von Matthias Heesch. Damit begann ein kontinuierlicher Badebetrieb, der in seiner Entwicklung bis heute zu einer der renommiertesten Therapiezentren in Deutschland geführt hat. Die Ursprünge hierfür lagen im Familienbetrieb von Familie Heesch und ab 1906 auch in Behncke's Solbad.

1910 erhielt Bramstedt zum einen den Titel „Bad" verliehen und zum anderen den Status als Stadt zuerkannt. Der Kurtitel „Bad" ging auf die Initiative der Reichspost zurück, die damit die Verwechslungsgefahr mit dem nahegelegenen Ort Barmstedt endlich ausschließen wollte.

Während des Ersten Weltkrieges kam der Kurbetrieb fast zum Erliegen. Kurz danach übernahm der Hamburger Oskar Alexander die beiden Kurbäder und modernisierte sie. Zusammen mit dem damaligen Bürgermeister Wilfried Erlenhorst gelang es Oskar Alexander 1924, einen Belegungsvertrag mit den Krankenkassen zu schließen. Damit war die ganzjährige Auslastung des Bades gewährleistet und ein deutlicher Mehrbedarf an Kurplätzen gesichert. Um dieses Großprojekt bewältigen zu können, wurde 1929 die „Rheumaheilstätte Bad Bramstedt GmbH" gegründet, und bereits 1931 konnte die neue Klinik als eine der modernsten ihrer Zeit eröffnet werden. Oskar Alexander erwies sich als vorausschauender und kluger Kopf und bemerkenswerter Manager.

Er war aber auch ein glühender Nationalist, der, als er aufgrund seiner jüdischen Herkunft immer stärkerem Druck ausgesetzt war, einen Brief an Rudolf Heß schrieb, in dem er diesen bat, eine Stellungnahme zu seinem Gunsten abzugeben. Er vertraute der staatlichen Autorität, auch der nationalsozialistischen, und konnte sich nicht vorstellen, daß er trotz seiner großen Erfolge für die Stadt und die Klinik in ernster Gefahr war. Dennoch wurde er später verhaftet und starb am 25. Januar 1942 im KZ Oranienburg.

Die Rheumaklinik indes bestand weiter. Zum Ende des Krieges wurde sie vorübergehend als Flüchtlingslazarett genutzt, eröffnete aber bald den Kurbetrieb wieder.

Heute liegt Bad Bramstedt durch die Autobahnanbindung der A7 im direkten Einzugsbereich Hamburgs und hat fast 13.000 Einwohner. Die Rheumaklinik hat inzwischen nach der Eröffnung einer ebenfalls hervorragenden Psychosomatischen Klinik Unterstützung bekommen.

Leider wird der Leser so manches alte Gebäude heute nicht mehr im Stadtbild finden, viel ist den Sanierungswellen der sechziger und siebziger Jahre zum Opfer gefallen. Andererseits kann man bis heute bei genauerem Hinsehen viele der alten Häuser erkennen: manche stark verändert, andere fast im Urzustand.

Wir wünschen unseren Lesern viel Spaß beim Schauen und Schmökern. Und vielleicht bei einem anschließenden Spaziergang durch die Stadt, auf der Suche nach dem alten Bad Bramstedt.

1
Stadtansichten

Bei diesem Bild dürfte es sich um die älteste Fotografie von Bad Bramstedt handeln. Sie entstand um 1875 und wurde vom Schäferberg aufgenommen. Kurz zuvor wurde hier das Herrenholz gerodet, so daß sich ein freier Blick auf den Flecken Bramstedt eröffnete. Heute steht auf dieser Anhöhe wieder ein Wald.

Dieser Straßenabschnitt des Maienbeecks hieß früher Klingbarg. Links im Bild ist der Klemp-
nermeister Pape mit seiner Familie zu sehen.

Die Kurz- und Gemischtwarenhandlung des Wilhelm Schröder. Diese Fotografie entstand um
das Jahr 1900.

Das Geschäftshaus der Firmen J.B. Paulsen (Manufaktur und Konfektion) und A. Homfeldt (Kolonialwaren) um 1900 am Maienbeeck.

Gegenüber des Firmensitzes von Paulsen und Homfled bewohnte der Landwirt Runge ein Altenteilerhaus (ganz links im Bild), das 1909 abgerissen und durch das neue Geschäftshaus der Firma Paulsen ersetzt wurde. Bis heute ist sie dort ansässig.

Der Maienbeeck in Richtung Schäferberg. Links im Bild das 1908 erbaute Geschäftshaus des Schneidermeisters Haase und rechts das neue Gebäude von J.B. Paulsen.

Wie es der Tradition Bad Bramstedts entsprach, wurde in fast jedem dieser Häuser ein Gewerbe betrieben, denn für viele der alteingessenen Familien reichte die Landwirtschaft schon seit dem 17. Jahrhundert als alleinige Erwerbsquelle nicht mehr aus. Dies war eine Folge der Fleckensbefreiung, die im Jahr 1685 zwischen den freien Bürgern und dem adligen Gut vereinbart wurde. Denn der Graf von Kielmannsegg ließ sich die Freigabe des Fleckens teuer bezahlen, und so mußten viele Höfe geteilt und an den Grafen abgetreten werden. Ein Großteil der in diesem Abschnitt des Maienbeecks befindlichen Häuser ist bis heute erhalten geblieben.

Das Haus des Bierverlegers J. Huß um 1905, davor das Pferdefuhrwerk, mit dem er seine Waren auslieferte. Noch spendeten Petroleumlampen Licht am Maienbeeck.

Ab 1906 erstrahlte der Maienbeeck in elektrischem Licht. Rechts Käpt'n Meyer vor der „Bierquelle", dem heutigen „Hotel Freese". Links die Firma Hingst Eisenwaren, damals noch eine Schlosserei.

Der Kirchenbleeck an der Einmündung zum Maienbeeck, um 1907. Ganz links das „Stillersche Haus", das als ältestes Haus des Fleckens galt. Seine Ursprünge sollen bis in das Jahr 1594 zurückgereicht haben, dennoch wurde es in den achtziger Jahren des 20. Jahrhunderts abgerissen. Der Platz ist seitdem leer. Rechts daneben das Wohn- und Geschäftshaus des Kaufmanns W. Bracker, das von 1929 bis 2000 als Amtsgericht genutzt wurde.

Der westliche Teil des Kirchenbleecks um 1900 von der Beeckerbrücke aus gesehen. Ganz links das Wohnhaus von Julius Wilcken, daneben das Haus von Friseurmeister Hermann Gaus, der auch als Dentist tätig gewesen sein soll. Der vorige Besitzer dieses Gebäudes, W. Bracker, hatte 1899 sein neues Geschäftshaus am Maienbeeck errichtet (heute das ehemalige Amtsgericht)

Hans Krohn erwarb dieses Haus von Julius Wilckens und eröffnete um 1920 die Roland-Garage. Sie bot Service rund um das Automobil und „motorisierte Fahrräder". Zu sehen sind hier Arthur Prosch mit seiner Frau und seiner Schwester Frau Krohn.

Hinter den Linden ist das Haus der Familie Fehr um 1905 zu sehen. Mit seinem Abbruch verschwand das letzte reetgedeckte Gebäude aus dem Stadtbild. Links daneben lag das 1815 erbaute Küster- oder auch Organistenhaus des bekannten Heimatforschers August Kühl. Er war vom 29. März 1883 bis 30. April 1924 Lehrer und seit dem 1. Januar 1889 Organist in Bramstedt. Zunächst wohnte in dem Haus der Lehrer J.C.H. Carstens, und bis 1840 war hier ebenfalls die Fleckensschule untergebracht.

Blick vom Kirchenbleeck in den Maienbeeck im Jahre 1930. Die Gasthäuser „Zur Börse", „Zum Südpol" und das Zigarrenhaus Möller (von rechts) fielen ab 1936 dem Neubau der Reichsstraße 4 zum Opfer. Auf dem freien Platz vorne links stand einst das Haus des Landmanns Wrage, es wurde aber bereits 1896 abgebrochen.

Das Zigarrenhaus Möller im Jahre 1924. Es führte „Zigarren Hamb. Fabrikat in den Preislagen von M. 5,– bis M. 50,– pr. 100 St. stets gut abgelagert vorrätig", wie es in einer Werbeanzeige aus dieser Zeit hieß. Das Gebäude wurde 1938 abgerissen.

Der Kirchenbleeck in nördlicher Richtung, um 1949. Im Haus ganz rechts vertrieb Wilhelmine Blinkmann Putzwaren und C. Seller Möbel. Gegenüber das ehemalige Gebäude von Friseurmeister Gaus.

Direkt an der Kirchenmauer stand das Bekleidungshaus von Friedrich Bornhöft, das dieser 1903 von Sophie Wilckens übernahm. Heute befindet sich an dieser Stelle die Einmündung in den Schlüskamp.

Die Beeckerbrücke, auch fälschlich Bäckerbrücke genannt, mit Blick auf die Kirche und die Genossenschaftsmeierei. 1832 wurde sie im Rahmen des Chausseeneubaus errichtet. Hier in der Nähe soll König Christian IV. seine Wiebke Kruse zum ersten Mal erblickt haben.

Direkt an der Osterau lag das „Drogen- und Farbenhaus" von Paul Oertling. Hier war auch die Kreisbauernbank untergebracht. In diesem Haus befindet sich heute das Schuhhaus Wagner.

Links der Laden von Wilhelmine Blinckmann, rechts die Bramstedter Genossenschaftsmeierei.

Ab dem Sommer des Jahres 1907 konnte man in der Genossenschaftsmeierei auch Wannenbäder nehmen. Ein Bad mit Dusche kostete 40 Pfennig, eine Zwölfbäderkarte 3,60 Mark. Außerdem gab es dort auch Milchausschank in Gläsern. 1957 wurde das Gebäude abgerissen, heute ist an gleicher Stelle die Raiffeisenbank ansässig.

Der Neubau der Villa von Adolf Mehrens in der Nähe der Beeckerbrücke kurz vor der Fertigstellung im Jahre 1908.

Im Hintergrund die Villa Mehrens, davor die Beeckerbrücke.

Die alte Furt neben der Beeckerbrücke. Sie wurde bis zum Ausbau der Brücke 1832 für schwere Ackerwagen genutzt. Später diente sie überwiegend als Viehtränke und Wasserentnahmestelle der Feuerwehr. 1926/27 wurde die Furt beseitigt.

Seit 1957 war in der Villa Mehrens die Sparkasse untergebracht, sie wurde aber im Rahmen des Sparkassenneubaus im Januar 1973 abgerissen.

Anläßlich des ersten Autorennens von Hamburg nach Bramstedt 1906 fanden sich auf dem Bleeck viele Autos und „motorisierte Fahrräder" ein. Rechts im Hintergrund die Friedenseiche

und das Kriegerdenkmal, links die eigens aufgebaute Schiffschaukel.

Diese wohl älteste Aufnahme des Bleecks dürfte um 1890 entstanden sein. Im Hintergrund die Gastwirtschaft „Hesebeck" (später „Stadt Hamburg").

Am verregneten Nachmittag des 24. März 1898 wurde gegen 16 Uhr rund um den Roland der 50. Jahrestag der Erhebung Schleswig-Holsteins gefeiert. Als Zeichen der schleswig-holsteinischen Einheit wurde eine Doppeleiche gepflanzt, deren einer Stamm einige Jahre später Schaden nahm und durch einen neuen ersetzt wurde. Die Doppeleiche mit den ungleichen Stämmen steht bis heute auf dem Rasenstreifen des Bleecks.

Vorderseite des Festprogramms zur „50 jähr. Jubelfier von de Schleswig-Holsteensche Erhebung".

Der Bleeck, der Marktplatz von Bramstedt, um 1900. Links im Hintergrund das Wahrzeichen der Stadt: der Roland.

Einweihung des Ehrenmals für die gefallenen Soldaten des Deutsch-Dänischen Krieges 1870/71 am 1. September 1895 vor der Friedenseiche (rechts im Bild). Zum Ende des Zweiten Weltkrieges 1945 verschwanden der Adler und die beiden Bildnisse an den Seiten aus ungeklärten Gründen. Am 24. Oktober 1973 wurde das Denkmal abgetragen und hinter die Eiche versetzt, um dem Straßenverkehr mehr Raum zu geben. Die 1871 gepflanzte Friedenseiche und das Kriegerdenkmal stehen in dieser Anordnung noch heute auf dem Rasendreieck des Bleecks.

Im Jahre 1848 stellte man anläßlich der Erhebung Schleswig-Holsteins dieses Denkmal auf. Die Spitze des Findlings ziert eine Kanonenkugel, die aus diesen Jahren stammen soll. Diese steinernen Projektile wurden besonders gern auf harten Untergründen benutzt. Sie zersprangen beim Aufprall und konnten in der Umgebung durch die herumfliegenden Splitter erheblichen Schaden anrichten.

In der Mitte, rechts neben dem Korb, der Kaufmann Heinrich Schlichting, um 1905. Das Haus rechts im Hintergrund ist die Gastwirtschaft von Claus Schlüter, links davon die Gastwirtschaft Rathjens, die 1913 abgebrochen und nicht wieder aufgebaut wurde.

Die kombinierte Innung von 1883 bei ihrem 20jährigen Stiftungsfest am 6. September 1903.

Die Gemischtwarenhandlung von Heinrich Schlichting im Jahre 1912. Sein Sortiment aus Porzellan, Glas, Steingut, Nippes, Ansichtsartikeln sowie Kurzwaren, Fahrrädern, Wein, Spirituosen und Kolonialwaren war sehr reichhaltig.

Sattlerei und Tapeziererei von Heinrich Delfs am Bleeck, um 1914. Daneben das Wohnhaus des Viehkaufmanns Langhinrich. Dann folgt das heutige Rathaus, das als Wohnhaus des Grafen von Stolberg, des Amtmannes von Segeberg, erbaut wurde. Kurzzeitig waren dort auch das Amtsgericht und das Postamt untergebracht.

Links das Gasthaus „Holsteinisches Haus", um 1926. Daneben mit Tankstelle das Geschäft von Johannes Fülscher – Kolonialwaren, Eisenwaren, Spirituosen. Dort gab es auch eine „Schnaps-selbstbedienung": Ein Zinnbecher voll Schnaps kostete fünf Pfennig.

Die Westseite des Bleecks um 1900, in der Mitte das Kaiserliche Postamt, daneben die Gast-stätte „Kaisersaal". Ab 1895 gab es die Möglichkeit, vom Postamt aus zu telefonieren, und ab 1899 konnten eigene Telefonanschlüsse beantragt werden. Drei Geschäftsleute nahmen diese Möglichkeit wahr.

Der Bleeck in nördlicher Richtung, im Jahre 1921. Links vor dem Schloß die Lindenallee, ein bei den Kurgästen beliebter, schattiger Flanierweg.

Die Lindenallee am Bleeck von der Glückstädter Straße aus gesehen.

Der Bleeck im Jahre 1949. Links das Gasthaus „Rolands Eck" (ehemals Claus Schlüter's Gast-
wirtschaft), rechts das „Holsteinische Haus", dann das Geschäft der Familie Fülscher sowie
„Uhren und Optik Moorhus Witt" (ehemals Goldschmiede Mohr), „Hotel Bruse" (ehemals
Gasthof „Doppeleiche") und „Zum Bramstedter Wappen".

Die Altonaer Straße mit ihren bürgerlichen Wohnhäusern, um 1905. Vorne rechts die Brauerei von F. Hanstein.

Bad Bramstedt von der Altonaer Straße auf die Wiesen des Hudautals gesehen, um 1920. Links hinten die Hudaubrücke im Verlauf der Glückstädter Straße, rechts die Rückansicht der Straße Achtern Bleeck.

Blick in die Straße Achtern Bleeck. Links das Haus von Tischlermeister Knubbe. Das Haus am äußersten Ende war eine Räucherkate.

Die Hudaubrücke, fotografiert im Jahre 1912. Rechts unten erkennt man deutlich die Reste der alten Furt durch die Hudau.

Die „Paustianische Wassermühle" an der Osterau, um 1906. Sie wurde für den Sparkassen-
neubau im Jahre 1968 abgerissen. Der Straßenzug Bei der Mühle wurde der Mühlenstraße ein-
verleibt, und heute ist dort, wo die Mühle stand, der Parkplatz der Sparkasse. Hinter der Eiche
befindet sich das Haus von Klempner Kiel.

Blick von der Wassermühle auf die Maria-Magdaleen-Kirche.

Die Maria-Magdaleen-Kirche im Jahre 1922. Ihre Ursprünge gehen auf das Jahr 1316 zurück. Noch heute finden sich dort Zeugnisse der heilenden Kraft des Bramstedters „Gesundbrunnens": zwei Altarleuchter, gestiftet von Lorenz Jessen aus Glückstadt zum Dank dafür, daß er Anno 1681, den 1. Juli durch den Gebrauch des Wassers von „Quartan" befreit wurde.

Kirche, Pastorat und Gemeindehaus, um 1913. Durch Spenden der Bevölkerung konnte das Gemeindehaus am Schlüskamp 1912 erbaut werden. Es wurde aber erst am 24. August 1913 eingeweiht.

Das Pastorat wurde 1894 erbaut und verschlang die damals unerhörte Summe von 14.000 Mark.

Die Einmündung zum Landweg vom Maienbeeck aus gesehen. Ganz links eine Ecke vom Gasthaus „Südpol".

Der Landweg, um 1911. Links die Buch- und Papierhandlung und Buchbinderei von D.C. Warnemünde. Das Sortiment umfaßte außerdem Galerie-, Leder- und Spielwaren sowie Reise-andenken und Tabakwaren. Rechts davon befand sich der Schuh- und Stiefelbazar von H. Johannsen.

Familie Warnemünde vor ihrem Geschäft, zu dieser Zeit noch reine Buchbinderei und Buch-handlung.

Ganz links die „alkoholfreie Wirtschaft" des Gustav Sellers. Daneben der Neubau (1912) des Schuhmachermeisters Hartkopf, der auch Zigarren und Zigaretten verkaufte.

Wie auch schon im Jahre 1911, ist die Firma Ernst Harm sen. bis heute am Landweg 17 ansässig. Das alte Gebäude wurde längst durch Neu- und Umbauten ersetzt, und auch das Sortiment hat sich verändert. Landwirtschaftliche Maschinen wird man dort heute vergeblich suchen.

Der hintere Teil des Landwegs ist in dieser Aufnahme noch von einer Lindenallee gesäumt. Diese mußte dem Ausbau der Straße weichen. Links das Pferdegeschäft des Johannes Holtdorf, der ständig eine große Auswahl an Luxus- und Nutzpferden sowie alle Sorten Wagen und Geschirre führte.

Der Landweg vor dem Ausbau. Er wurde im Zuge des Anschlusses Bramstedts an die Eisenbahn (AKN) 1898 gepflastert. 1902 erhielt Bramstedt Straßenschilder, um den Gästen die Orientierung zu erleichtern.

Das Haus in der Rosenstraße 11 im Jahr 1909. Dort waren die Druckerei von Karl Paustian und die „Bramstedter Nachrichten" ansässig. Ab 1931 siedelten diese in den Landweg über. Links am Zaun standen Karl Paustian und seine Frau Adele. 1999 wurde das Haus abgerissen und durch einen Neubau ersetzt.

Die Kolonial- und Fettwarenhandlung von Heinrich Specht in der Rosenstraße 15. Das Gebäude dient heute als Wohnhaus. Im Vordergrund befanden sich die Gärten der Anwohner des Maienbeecks.

Die Villa des Bauunternehmers Wrage in der Rosenstraße 21 war ein recht stattliches Anwesen. Nach vielen Umbauten ist sie heute kaum wiederzuerkennen.

Die Rosenstraße 10, um 1910. Vorne links ist die moderne elektrische Straßenbeleuchtung zu sehen.

Der Bramstedter Bahnhof im Jahre 1906.

Jubiläumszug anläßlich des 25jährigen Bestehens der AKN am 8. September 1909. Bramstedt fand am 20. August 1898 mit der pünktlichen Einfahrt des ersten Zuges um 9.58 Uhr Anschluß an das Schienennetz der AKN. In den Jahren 1842 bis 1844 hatten sich die Bramstedter noch erfolgreich gegen die damals geplante Trasse von Altona über Bramstedt nach Kiel zur Wehr gesetzt. Sie befürchteten gesundheitliche Schäden und Einnahmeverluste, und so verläuft die Strecke seit ihrem Bau rund neun Kilometer westlich.

2
Schloß und Roland

Der Roland vor dem sogenannten Schloß von Bramstedt, um 1910. Tatsächlich handelt es sich dabei um das Torhaus des ursprünglich vorhandenen Schlosses, das dahinter stand.

Die Ostseite des Schlosses, um 1890. Das Gut Bramstedt wurde 1631 von dem dänischen König Christian IV. erworben. Er ließ das Schloß sanieren und baute das Torhaus – das heutige Schloß – als Marstall. Am 15. Oktober 1633 schenkte er Gut und Schloß seiner „zur Linken angetrauten Frau", Wiebke Kruse, der Tochter des Hufners Hans Kruse aus Föhrden. Christian IV. hatte sie angeblich auf der Durchreise an der Beeckerbrücke beim Wäschewaschen erblickt und sich in sie verliebt.

Die heutige Schloßwiese war der ursprüngliche Standort des Schlosses. Als der Besitz an den Segeberger Amtmann Graf Christian Günter zu Stollberg fiel, ließ dieser das Schloß um 1750 wegen Baufälligkeit abreißen und statt dessen das Torhaus zu einem Wohngebäude umbauen. Danach wurde auf der frei gewordenen Fläche ein Park angelegt, wie auf dieser Aufnahme von etwa 1890 zu sehen ist.

Das Treppenhaus des Schlosses, um 1900. Seit dem Ausbau durch Graf Sollberg hat sich nicht viel verändert.

1857 kaufte N.F. Paustian als erster Bürgerlicher das Schloß. 1903 wurde es von dem Ehepaar Meyer (links an der Nordwestecke) erworben. Heute ist es im städtischen Besitz und beherbergt das Stadtarchiv und das Trauzimmer des Standesamtes.

Zwischen Roland und Schloß wehte in der NS-Zeit die Hakenkreuzfahne. Das Schloß diente zu jenen Zeiten als „Landjahrlager".

Vor dem Schloß hielt ein „Hitlerjunge" mit einem Spaten bewaffnet Wache.

Der Roland, das Wahrzeichen der Stadt, um 1890. Seinen Ursprung hat er in dem seit dem Mittelalter florierenden Ochsenhandel. Auf dem Bramstedter Marktplatz herrschte reger Handel, geschützt und gefestigt durch den Roland, der Gerechtigkeit und Rechtssicherheit garantieren sollte.

Der Roland, um 1906. Die hier zu sehende Steinmauer von Steinhauer Kreutz ersetzte im Jahr 1893 die bis dahin vorhandene Einfassung. Im gleichen Jahr wurde das schmiedeeiserne Gitter hinzugefügt.

In den dreißiger Jahren mußte die steinerne Umfassung erneut saniert werden. Dabei wurde auf das Gitter verzichtet. Es soll danach noch viele Jahre bei einem Landwirt in Bissenmoor als Zaun Verwendung gefunden haben.

Wo ist der Roland? Im Dezember 1964 verschwand er aus dem Stadtbild – er mußte saniert werden.

50

Gut verpackt wurde der Roland zur Restaurierung zur Firma Kolbe nach Itzehoe gebracht.

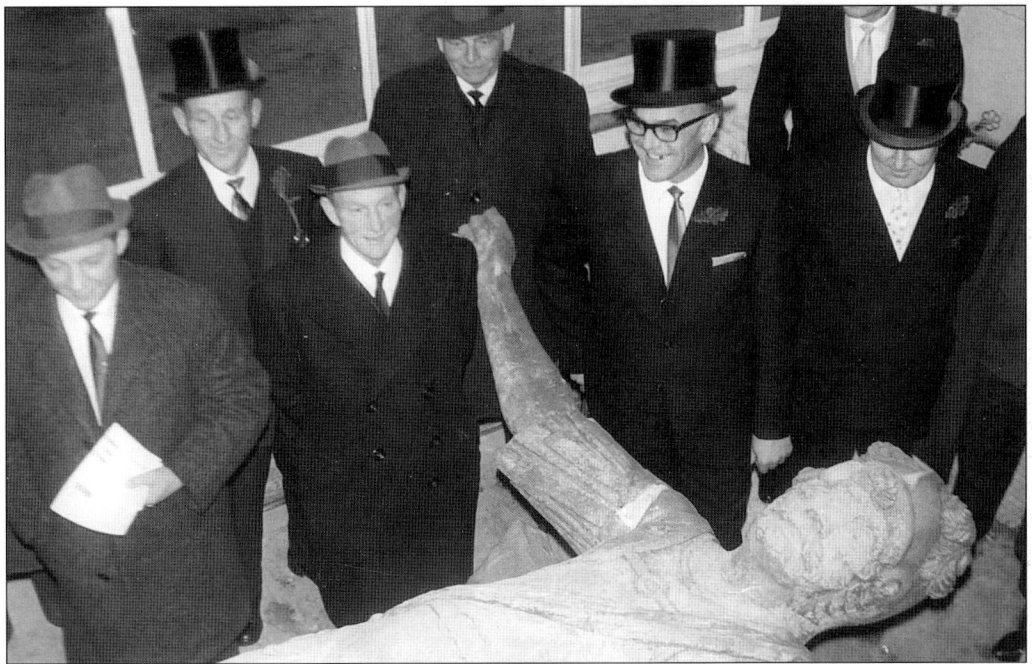

Die 1685 von Jürgen Fuhlendorf gegründete Bramstedter Fleckensgilde hatte ursprünglich die Aufgabe, die freiheitlichen Traditionen des Ortes und die Erinnerung an die Fleckensbefreiung aufrechtzuerhalten. Hier besuchten Vertreter der Gilde den Roland und überzeugten sich von seiner „Genesung".

Im Zuge der Sanierung des Rolands wurde der Standort näher an das Schloß verlegt. Die einen schreiben dies dem wachsenden Straßenverkehr und dem hierfür benötigten Raum zu. Andere wiederum behaupten, daß der Sockel verlegt wurde, damit die Fleckensgilde, die jedes Jahr zu Pfingstdienstag ihr Gildefest feiert, gefahrlos um den Roland herum tanzen kann. Diese Tradition besteht bis heute.

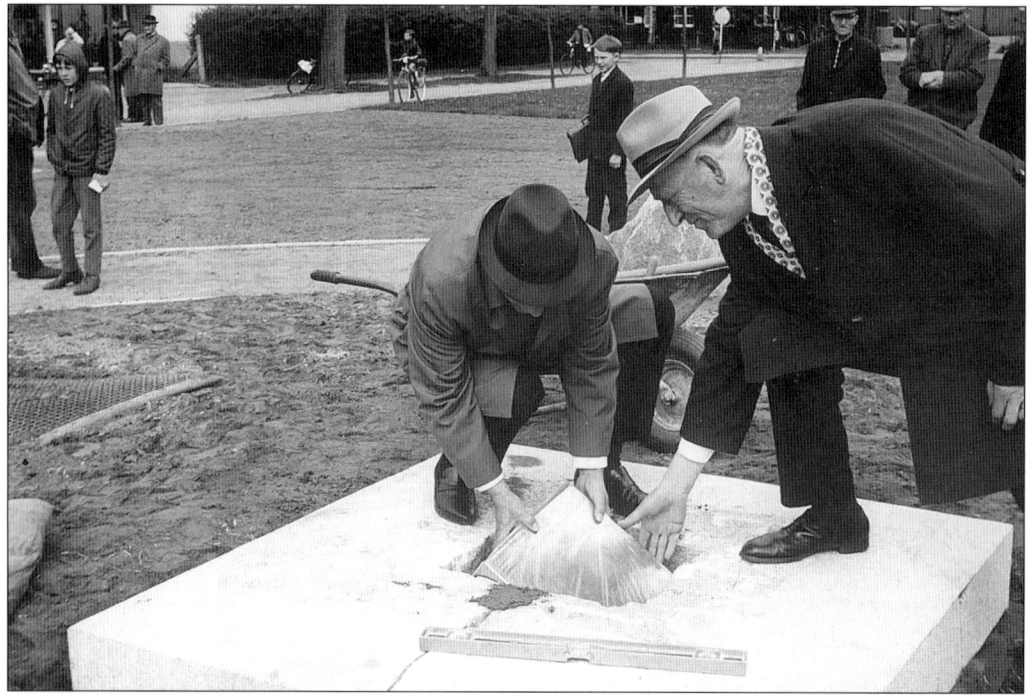

Grundsteinlegung für den neuen Sockel fern der Straße für den bald „genesenen" Roland.

Der Roland kehrte 1965 im altem Glanz zurück.

Der neugestaltete Platz vor dem Schloß.

Der Roland in ganzer Größe, erstmals erwähnt in der Bestätigung der Fleckensprivilegien durch Friedrich III. vom 2. Juli 1652. Die erste bekannte Abbildung des Rolands stammt aus dem Jahre 1748 und unterscheidet sich kaum vom heutigen Standbild. Ursprünglich aus Holz gefertigt, wurde es nach einem Feuer durch eine steinerne Statue ersetzt.

3
Gasthäuser und Ausflugslokale

Wo sich heute das „Hotel zur Post" befindet, war vor 1900 die Gastwirtschaft des Heinrich Fick „Zum Gambrinus" ansässig. Der Name wurde von dem Erfinder des „roden Biers" entliehen. Später hieß die Gastwirtschaft „Zur Eiche", benannt nach der davorstehenden Friedenseiche.

Das beliebte Ausflugslokal „A-Kate" auf der Hagener Feldmark, um 1900. Auf dem Kutschbock der Besitzer Ludwig Grotian, in der Bildmitte ist Frieda Grotian zu sehen.

Gruss von der A. Kathe
bei Bramstedt.

L. Grotrian's Gastwirtschaft.

Der Name der „A-Kate" entstand in Anlehnung an den nahegelegenen Ah-Berg. 1957 fiel das Gebäude einem Brand zum Opfer.

Das Bahnhofshotel von Johannes Huss im Jahre 1909, davor der Festumzug der Bramstedter Turnerschaft anläßlich ihres 25jährigen Bestehens. 1905 wurde das Hotel von dem Kaufmann H. Fülscher erbaut.

Eine Hochzeitsgesellschaft vor dem Gasthaus von Hans Böge, „Zum Schützenhof", in der Altonaer Straße. Der Name erinnerte an einen Schießplatz, der gegenüber lag.

„Claus Schlüter's Gastwirtschaft", um 1900. Hier stand im 17. Jahrhundert das Anwesen des Fleckenbefreiers Jürgen Fuhlendorf. Bis heute erinnert daran ein Feldstein mit den Initialen J.F.D., 1685, an der Westfront des dort stehenden Gebäudes.

Aus „Claus Schlüter's Gastwirtschaft" wurde 1906 „Schlüter's Gasthof" (links) und später das „Rolands Eck". Rechts die Gastwirtschaft und das Hotel „Holsteinisches Haus".

Das „Holsteinische Haus", hier in einer Aufnahme von 1906, war nicht nur das älteste, sondern auch das beste Haus am Platz. Hier kehrte Graf Luckner – der Vater des Schriftstellers Graf Felix von Luckner – regelmäßig ein und war für derbe Späße immer zu haben. So wird erzählt, daß er einst am Tisch seinen Rausch ausschlief und seine Kameraden ihm eine Handvoll „Schiet" in die Hose steckten. Als Graf Luckner aufwachte, sagte einer zu ihm: „Graf, ick glöv, Du häst die inne Büchs scheeten." Der Graf schaute in seine Hose und antwortete: „Dat ick mi inne Büchs schiet, kann jo passieren, aber dat ich mang de Büchs un Ünnerbüchs schieten kann, dat is recht war wunnerlich." – Rechts das Mestdorfsche Geburtshaus.

Der Garten des „Holsteinischen Hauses", um 1916. Bis zum 21. Oktober 1907 stand hier das Geburtshaus der Geschichtsforscherin Johanna Mestorf, die am 17. April 1828 geboren wurde. Sie befaßte sich mit dem Leben der Wiebke Kruse. Als erste Frau in Schleswig-Holstein wurde Johanna Mestorf zum Professor ernannt und erhielt die Ehrendoktorwürde der Medizinischen Fakultät.

Vor der Gastwirtschaft der Familie Fuhlendorf präsentierte sich 1884 der neugegründete „Kriegerverein". In Anlehnung an das Kaiserliche Postamt, das im linken Nachbargebäude ein-

zog, wurde die Gastwirtschaft später in „Kaisersaal" umbenannt.

Reisende konnten sich mit dem Fuhrwerk des Gastwirts Fuhlendorf nach Wrist zum Anschluß an die Reichsbahnstrecke nach Kiel bzw. Hamburg bringen lassen. Auch die Postbeförderung erfolgte auf diesem Wege. In der Badesaison war im „Kaisersaal" das beliebte Kurtheater untergebracht.

Am 15. Dezember 1913 stellte Gastwirt Fuhlendorf (links im Bild) auf seiner Buslinie Bramstedt-Wrist einen Kraftomnibus in Dienst, und Johannes Lütgens eröffnete im „Kaisersaal" ein Lichtspieltheater.

Das Gasthaus „Zur Mühle" im Jahre 1909. Ursprünglich eingeschossig, wurde es im Jahr 1908 um eine Etage aufgestockt. Im Jahr 1924 kam eine Kegelbahn hinzu, und 1953/1954 zog die Volksbank in den Anbau ein.

Die Gastwirtschaft von Emil Schmidt, Landweg 6, um 1880. 1888 wurde an dieser Stelle das Hotel „Zur Mühle" gebaut.

Hotel „Stadt Hamburg" von Hinrich Hesebeck mit dem 1911 neugestalteten Terrassenvorbau. Im Eingang brachte sich Familie Hesebeck selbst für den Fotografen in Positur.

Partie in der Gartenanlage des Hotels „Stadt Hamburg".

Das Kaiserliche Postamt mit Postkutsche, um 1910. Zunächst hatte Gastwirt Hesebeck die Postbeförderung zur Eisenbahnlinie in Wrist inne, ehe Gastwirt Fuhlendorf diese übernahm. Der Reichspost ist es übrigens zu verdanken, daß Bramstedt „Bad" wurde. Sie trieb die Namensänderung voran, um Verwechslungen mit dem nahegelegenen Ort Barmstedt abzustellen.

Das Kaiserliche Postamt und das Traditionshaus „Stadt Hamburg" wurden im Zuge des Ausbaus der Reichsstraße 4 abgebrochen. Die Gebäude ganz links wurden zum „Hotel zur Post" umgebaut und liegt heute zwischen zwei Bundesstraßen.

Am 16. Juni 1911 hatte „Wesselmann's Gast- und Logierhaus", die „Central Herberge", einen sonderbaren Gast: Der Weltreisende und Dauergeher C. Dierdorf aus Bonn, der in 270 Tagen durch Deutschland reiste, machte mit seinem 600-Liter-Faß hier halt.

Schon am 17. Januar 1903 hatte „Wesselmann's Gasthof" – auch als „Südpol" bekannt – sonderbare Gäste. Es war der Weltreisende Anton Hanlian, der für reichlich Geld Frau und Kind im Kinderwagen einmal um die Welt schieben wollte.

Das Gasthaus „Zum Nordpol" von Johannes Dehn stand genau hinter dem Wesselschen „Südpol". Erst in den fünfziger Jahren wurde die jetzige Gaststätte „Im Winkel" mit Fachwerk ausgestattet.

Das Steckmestsche Gasthaus „Zur Börse", Stammlokal der Honoratioren der Stadt, stand am Landweg 1. Im Zuge des Neubaus der Reichsstraße 4 mußten die Gasthäuser „Zur Börse", „Südpol" und das Tabakwarengeschäft „J.H. Möller" weichen. Der Weg links hieß Dreiertwiete und wurde im Volksmund Miegentwiet (ein Ausdruck für Urin) genannt, weil so mancher Besucher der drei anliegenden Gasthäuser nach reichlich Biergenuß sein Geschäft an den Rinnsteinen zu erledigen pflegte.

„Sängerheim" Bad Bramstedt i. Holst.
Fernspr. 227 — Besitzer H. Harms

Das „Sängerheim" von H. Harms zwischen den Weltkriegen. Es stand auf der Südwestseite des Bleecks. In der Nacht vom 27. Juli 1942 wurde es durch Bomben zerstört.

4
Arbeit, Freizeit, Kuriositäten

Die Zimmerei des Johann P. Harder baute 1875 den neuen Dachstuhl der Paustianischen Wassermühle. Die Ausmaße waren derart gewaltig, daß die Zimmerleute ihn auf dem Bleeck zusammenbauen mußten.

Die „Roland-Garage" im Jahre 1928. Sie wurde kurz nach dem Ersten Weltkrieg gegründet und bot alles rund um das Automobil: Verkauf von Automobilen und Motorrädern, Vermietung dieser Fahrzeuge, Reparaturwerkstatt, Fahrschule, Benzin und Öle. Der erste Besitzer eines Automobils war der Rechtsanwalt Dr. Schumann, wie die „Bramstedter Nachrichten" in ihrer Ausgabe vom 12. Mai 1906 berichteten.

Paul Krohn im April 1928 mit der ersten Kraftdroschke in Bad Bramstedt. Der Transport von Reisenden hatte in Bramstedt eine lange Tradition, begründet durch die 1694 vom König erteilte „Fuhrrolle". Diese bestimmte, daß die Reisenden verpflichtet waren, in Bramstedt Rast zu machen und von hier aus nur mit Fuhrbetrieben des Ortes weiterreisen durften.

Paul Krohn im Mai 1926 mit Milchwagen im Auftrag der Genossenschaftsmeierei zu Bramstedt auf dem Weg nach Hamburg.

Zu einer der ersten Bramstedter Tankstellen zählte die „Standard Oil" an der Einmündung Bleeck/Altonaer Straße. Diese Aufnahme entstand um 1930.

Die am 25. September 1906 gegründete Wurstfabrik und Großschlachterei Wilckens, hier eine Postkarte mit Belegschaft aus dem Jahre 1915, gehörte zu den ersten Betrieben, die vom neuen E-Werk Strom bezogen. Das erste Schlachtvieh, das sein Leben dort lassen mußte, war ein 1.600 Pfund schwerer Bulle, der auf den eigenen vier Hufen zum Schlüskamp getrieben wurde.

Luftaufnahme der Wurstfabrik (heute Stich & Co) aus dem Jahre 1962. Die ursprünglichen Gebäude sind bis heute weitgehend erhalten geblieben.

Obwohl die Landwirte in Bramstedt traditionell verschiedenen zusätzlichen Gewerben nachgingen, etablierte sich das Schlachterhandwerk erst relativ spät. Die Tradition der Hausschlachtung blieb lange erhalten, wie auch hier in dieser Aufnahme von 1908 bei der Familie Dibben zu sehen.

Im Hintergrund das im Jahre 1840 erbaute alte Schulhaus, 1900 kamen vier Klassenräume hinzu. Diese Aufnahme stammt aus der Kaiserzeit während eines Festumzuges anläßlich des Kindervogelschießens. Heute ist in der „Alten Schule" die Bücherei untergebracht.

Noch bis 1950 wurden die Klassenzimmer der „Alten Schule" mit Öfen beheizt. Und so berichtete der Amtsarzt: „... zu kleine Klassenzimmer mit Ofenheizung. Bei der starken Belegung der Klassen können die Vorschriften über Abstand der Bänke vom Ofen nicht eingehalten werden. Schüler müssen in unmittelbarer Nähe des Ofens sitzen. Die Öfen in allen Klassenräumen sind alt und abgängig. Ersatz durch Zentralheizung dringend erforderlich."

Um die sanitären Anlagen der Schule war es auch nicht besser bestellt: „... die vorgefundenen Toiletten entsprechen in keiner Weise den hygienischen Anforderungen. Das jetzt bestehende System mit Kübeln ist derart primitiv, daß die Kinder nur mit Abscheu die Toiletten besuchen ..."

Und weiter hieß es: „... in teilweise defekten Eimern werden die Fäkalien über den Hof getragen oder in offenen Kübeln abgefahren. Die einzelnen Kabinen sind völlig dunkel, so daß Verschmutzungen überhaupt nicht zu vermeiden sind. Das Pissoir der Knaben war verschmutzt und der Teeranstrich erneuerungsbedürftig."

Das Elektrizitätswerk in Bramstedt

am Tage der Betriebseröffnung (22. Sept. 1906).

Am 22. September 1906 wurde das städtische Elektrizitätswerk in Betrieb genommen. Um 19.30 Uhr betätigte Elise Freudenthal, die Tochter des Bürgermeisters, den Schalthebel, und zum ersten Mal gab es elektrisches Licht in Bramstedt.

Das E-Werk stand an einem zentralen Platz, am Anfang des Schlüskamps.

Mit dem Einzug der Elektrizität wurde der Flecken Bramstedt modern. Nutznießer waren auch die ortsansässigen Handwerksbetriebe, die ihre Maschinen fortan elektrisch betreiben konnten. Die Bürger genossen bald den Luxus elektrischer Straßenlaternen, welche die Gaslaternen ablösten. Auch die Straßen wurden nun allmählich gepflastert. Die alten Gaslaternen wurden größtenteils nach Bimöhlen verkauft.

Die Geschichte der Bramstedter Wassermühle läßt sich bis zum Jahr 1546 zurückverfolgen. Bis 1698 gehörte sie zum adeligen Gut Bramstedt. 1848 war es die modernste Mühlenanlage ihrer Zeit.

Die Geschichte der Mühle endete mit ihrem Abriß im Jahre 1968. Heute ist dort der Parkplatz der Sparkasse. Mit den sogenannten Abbruchsanierungen wurde in den sechziger und siebziger Jahren nachhaltig das historisch gewachsene Stadtbild Bad Bramstedts zerstört.

Segelpartie auf dem Mühlenteich im Jahre 1910. Er wurde später zugeschüttet, und heute befindet sich auf diesem Gelände das Freibad.

Baden in der Osterau, hinten links die Paustiansche Sägerei.

Die Erdhütten zwischen Bad Bramstedt und Lentförden waren ein beliebtes Ausflugsziel. Dort wohnten wild anmutende Gesellen, wie Tagelöhner, die nach dem Bau der AKN hier „hängengeblieben waren" und ihr Leben mit Gelegenheitsarbeiten fristeten.

Der romantische Eindruck trügt: Ohne medizinische Versorgung und unter unhygienischen Bedingungen trotzten viele Bewohner dem harten Leben mit Alkohol. So berichtete das „Segeberger Kreis- und Tageblatt" 1911 über „Monarch Tetje". Er wurde in ein Krankenhaus eingeliefert, aber ihm habe „eine reinliche Behandlung und das gänzliche Fehlen geistiger Innenbeleuchtung nicht sonderlich behagt, denn er rückte gestern aus ..." Bald danach verstarb der Mann.

Im Jahre 1910 entstand der Schießstand des Kriegervereins von 1884. Bei diesem Bild handelt es sich um den Abzug von einer, leider zerbrochenen, historischen Glasplatte, der ersten Form von Negativen in der Geschichte der Fotografie.

Der Kriegerverein von 1884. In der Ausgabe der „Bramstedter Nachrichten" vom 27. Dezember 1909 ist vom ersten Spatenstich für den Schießstand die Rede. Der Zweck dieser Einrichtung war „die Einübung des kriegsmäßigen Schießens", und tatsächlich wird nach Fertigstellung der Anlage von Wehrübungen berichtet, die den Zweck hatten, die Jugend für die Erfordernisse des Krieges heranzubilden.

Erinnerungsfoto an das Bramstedter Sängerfest vom 21. Juli 1889.

Festumzug des Bramstedter Sängerfestes, etwa 1895.

Der Wagen der Bramstedter Turnerschaft zur Sedanfeier 1895. Im Hintergrund das Fehrsche

Haus und das Organistenhaus.

Am 21. Juni 1879 trat der im Fleckenbuch als Goldarbeiter bezeichnete Gottlieb Carl Christian Freudenthal (hier im Kreise seiner Familie) sein Amt als Bramstedter Bürgermeister an, das er danach 30 Jahre lang innehatte.

Die Bramstedter Feuerwehr bei ihrer 30-Jahr-Feier im Jahre 1908. Seit der Gründung war Bürgermeister Freudenthal 40 Jahre lang Wehrführer.

Hochzeit von Carl Freudenthal mit Johanna Hesebeck am 9. Mai 1909.

Die Bramstedter Turnerschaft wurde 1861 erstmals gegründet, verschwand allerdings wieder und wurde im Jahre 1884 neu ins Leben gerufen.

Die Turner um 1899 auf der sogenannten Vogelstange. Dieser Ausdruck stammt von den Vogelschützen, die auf diesem am Butendoor gelegenen Platz jährlich ihr Wettschießen um die Königswürde veranstalteten. Dieses Foto ist Bestandteil einer Spenden-Postkarten-Serie, deren Erträge für den Bau einer eigenen Turnhalle der Bramstedter Turnerschaft Verwendung fanden. Zuvor mußten die Sportler unter freiem Himmel turnen.

Richtfest der Turnhalle der Bramstedter Turnerschaft im Jahre 1908. Neben zahlreichen Spenden aus der Bevölkerung gab der Hofbesitzer Breckwoldt 50.000 Ziegelsteine dazu, und das Baugrundstück stellte Johannes Fülscher zur Verfügung.

Zur Finanzierung der Turnhalle wurden u.a. Schuldscheine ausgegeben, die in den folgenden Jahren nach und nach an die Gläubiger zurückgezahlt wurden. Die Reihenfolge, in der die Gläubiger ihr Geld zurückerhielten, wurde ausgelost.

Im August des Jahres 1908 wurde die Turnhalle eingeweiht, ein Jahr später folgte der Anbau der Umkleideräume und einer Wohnung, die der langjährige Turnwart Max Kühn nutzte.

Fototermin der Herrenriege im Atelier des Fotografen Struve – im Hintergrund der Roland.

Auf Initiative des Bürgermeisters Gottlieb Freudenthal, des Pastors Dr. Ernst Hümpel sowie des Arztes Dr. med. Paul Wulf wurde am 2. Februar 1908 der Verein zur Einrichtung einer „Höheren Privatschule" ins Leben gerufen. Am 1. Mai begann der Unterricht in angemieteten Räumen über der Tischlerei Graf am Landweg 28. Im Jahre 1912 konnte die Höhere Privatschule das hier abgebildete moderne Schulgebäude am Bahnhof beziehen. Noch heute wird es als Schule genutzt.

Festumzug der Turnerschaft durch Bramstedt anläßlich des Turnfestes vom 27. bis 29. Juni 1931.

Festumzug zum ersten Heimatfest in Bad Bramstedt vom 25. bis 27. Juli 1925, veranstaltet von dem Schützenverein „Roland e.V.".

Zeitgleich mit dem Heimatfest wurde das „12. Mittelholsteinische Bundesschießen" veranstaltet.

Am 6. November 1910 überquerte zum ersten Mal ein Luftschiff die Stadt. Aufgenommen wurde dieses Bild vom Fotografen Julius Struve vom Liethberg aus. Im Vordergrund sind die Dächer der Rosenstraße zu sehen. Ganz Bad Bramstedt soll bei diesem Ereignis staunend auf den Beinen gewesen sein.

Bad Bramstedt.

Parseval VI, Führer Oberleutnant Stelling, überfliegt am 6. November 1910 die Stadt.

Der aus Hamburg stammende Julius Struve, der in der Stadt ein Atelier für Fotografie und Malerei unterhielt, fand seine Aufnahme des Luftschiffes Parseval IV nicht sonderlich gelungen, und so fertigte er lieber eine Postkarte in einer Kombination von Foto und Malerei an.

Die Eröffnung des alten Waldbades am 22. August 1937. Auch in Bad Bramstedt war ein solches Ereignis in dieser Zeit ohne uniformierte Beteiligung nicht denkbar.

Nach der offiziellen Eröffnung bot das Waldbad den Bramstedtern und ihren Kurgästen Spiel und Spaß.

Bombenabwürfe wurden im Zweiten Weltkrieg in der Gegend um Bad Bramstedt häufiger registriert, richteten meist jedoch keine ernsthaften Schäden an. Es handelte sich dabei um sogenannte Notabwürfe im Zusammenhang mit den Angriffen auf Hamburg. Ein solcher Notabwurf in der Nacht vom 26. auf den 27. Juli 1942 um 1.00 Uhr erwies sich dann doch als Volltreffer im Bereich Bleeck/Mühlenstraße. Elf Gebäude wurden zerstört, an 50 weiteren wur-

den leichte bis schwere Schäden festgestellt, zehn Menschen starben und 19 wurden verletzt. Laut Anordnung des Segeberger Landrates mußten Kriegsschäden unverzüglich beseitigt werden, und so begannen bereits am Folgetag die Aufräumungsarbeiten. Insgesamt 100 obdachlos gewordene Bürger wurden auf andere Wohnungen der Stadt verteilt.

Die Bad Bramstedter bekamen ihre Milch direkt vom Milchmann per Pferdefuhrwerk nach Hause geliefert. Diese Aufnahme entstand 1954.

Aber die Ära von Pferd und Wagen ging nicht nur in Bad Bramstedt langsam zu Ende. Der Milchmann versorgte die Bad Bramstedter auf diese Weise bis 1960.

5
Kurhäuser und Moorbahn

Die historische Salzwiese, die im Jahre 1879 von dem Kätner (Bauer) Matthias Heesch an der Osterau erworben wurde. Heesch erzählte im „Holsteinischen Hof" dem Arzt Dr. Postel, daß die Wiese nach Überschwemmungen weiß aussah. Dieser belehrte ihn, daß der Salzgehalt des Wassers die Ursache sei und schlug vor, man solle Bäder anbieten. Gesagt, getan: Nahe der Heilquelle baute Heesch zunächst eine einfache Hütte und verabreichte fortan Solbäder.

Der Schwanensee beim Matthias-Bad. Hier konnten sich die Kurgäste bei einem gepflegten Spaziergang erholen.

Als die Heilwirkung der Bramstedter Quellen über die Grenzen des Ortes hinaus bekannt wurde, kam der Kurbetrieb in Schwung. Das sogenannte Matthias-Bad wurde gebaut. Hier in einer Aufnahme von 1911 ist es mit der neuerrichteten Veranda zu sehen.

100

Ein Kurpark mit Gondelteich, Crocketplätzen und Angelgelegenheiten in den nahegelegenen Auen wurde für die Kurgäste angelegt. Auch von Kurkonzerten und langen Nächten mit Feuerwerk und fackelgeschmückten Booten auf dem See wird berichtet.

Die ganze Familie Heesch sorgte für das Wohl ihrer Gäste. Für dieses Bild von 1905 hatten sich drei Generationen dieser Familie versammelt.

Daß nicht nur auswärtige Besucher die Annehmlichkeiten des Matthias-Bades schätzten, zeigt dieses Foto. Sophie Wilkens, rechts mit ihrem Hund, betrieb am Kirchenbleeck ein Geschäft für Bekleidung.

Schlachtfest mit Schnapsausschank um die Jahrhundertwende – die Kurgäste wollten schließlich versorgt werden. Darum kümmerten sich Herr Schloika, Mudder Heesch, Mine Hinz, der Bierlieferant Leo Büchler, Heinrich Paustian, Heino Leumann, Schlachter Fritz Holm, Vadder Mohne, der Junge Karl Schloika und der Kurhausschlachter Friedrich Babst.

Das zur Stadt und zum „Bad" gewordene Bramstedt fand Gefallen an dem lukrativen Kurbetrieb und tat einiges zur Förderung des neuen Wirtschaftzweiges: Neue Fußwege wurden in Zusammenarbeit mit der Sparkasse angelegt und alte verbessert. Die Grünanlagen wurden ganz besonders gepflegt. So auch der Badesteig, der zu den beiden Kurhäusern führte, hier in einer Aufnahme mit Bürgermeister Freudenthal (Mitte mit Fahrrad).

In unmittelbarer Nähe des Matthias-Bades wurde im Jahre 1911 eine zweite Solquelle erschlossen. Johannes Behncke erwarb das Gelände und gründete Behnckes's Sol- und Moorbad. So gab es fortan zwei konkurrierende Kurhäuser.

Auch der Gastwirt Heinrich Fick witterte das Geschäft. Er kaufte 1911 eine alte Brunnenwiese und ließ mit Erfolg Bohrungen durchführen. Mitte 1912 wurde eine Pumpe angebracht, und jeder, der vom „gesunden" Wasser etwas haben wollte, konnte sich bedienen. Diese Quelle lieferte das Wasser für den „Roland Sprudel", der vom Fabrikanten Siems aus Kaltenkirchen erfolgreich vertrieben wurde.

Das „alte Kurhaus". Während des Ersten Weltkrieges kam der Kurbetrieb nahezu zum Erliegen. Im Jahre 1918 kauften die Hamburger Herren Weinberg und Kullach das Matthias-Bad und das Behncke'sche Sol- und Moorbad. 1919 pachtete Oskar Alexander die beiden Bäder und führte sie unter der Bezeichnung „Sol- und Moorbad Bad Bramstedt seit 1681". Neben Privat-Kurgästen stand das Bad ab 1925 auch Kassenpatienten durch einen Belegungsvertrag zur Verfügung, den Oscar Alexander mit der Vereinigung zusammengefaßter Krankenkassen abschloß. Ab Mitte der dreißiger Jahre war im alten Kurhaus die sogenannte „Arbeitsdienstabteilung" untergebracht.

Aufgrund der steigenden Beliebtheit der Kureinrichtungen stieß das Sol- und Moorbad bald an die Grenzen seiner Leistungsfähigkeit. So wurde es notwendig, 1929 die alten Anlagen durch einen entsprechenden Neubau mit Schwerpunkt in der Rheumatherapie zu ersetzen.

Die Entscheidung der Versicherungsträger, ein modernes und leistungsfähiges Kurhaus am Standort Bad Bramstedt zu errichten, hing am seidenen Faden, denn auch andere Städte hatten sich mit Nachdruck für dieses Großprojekt beworben. Es ist dem gemeinsamen Engagement von Bürgermeister Erlenhorst und Oskar Alexander zu verdanken, daß die Voraussetzungen für den Zuschlag zum Bau einer Rheumaheilstätte in Bad Bramstedt geschaffen wurden.

Bad Bramstedt i. H. — Neues Kurhaus, Badehaus

Am 2. April 1929 wurde der Gesellschaftsvertrag über die „Rheumaheilstätte Bad Bramstedt GmbH" abgeschlossen. Träger waren die Landesversicherungsanstalten und die Stadt Bad Bramstedt. Nach den Plänen des Hamburger Architekten Karl Feindt wurde im Mai 1929 im Stadtwald, dem ehemaligen Kaiser-Wilhelm-Wald, hinter der Hambrücke mit dem Bau begonnen.

Nach einer Bauzeit von nur 16 Monaten konnte am 25. Oktober 1930 das neue Kurhaus eingeweiht werden. Der Kurbetrieb wurde am 1. Juli 1931 mit der Aufnahme der ersten Patienten
aufgenommen.

Oskar Alexander stellte sein großes kaufmännisches Geschick als Direktor und Pächter der
Kuranlage unter Beweis. An einem besonders werbewirksamen Platz in der Nähe des Hambur-
ger Hauptbahnhofs richtete er einen Werbekiosk ein, der auf „Das moderne Rheuma- und
Frauenbad seit 1681" in Bad Bramstedt aufmerksam machte.

Das neue Kurhaus war für damalige Verhältnisse (1930) ausgesprochen schick und modern ein-
gerichtet. Das Mobiliar der Aufenthaltsräume blieb bis 1958 unverändert – hier zu sehen: die
Aufenthaltsräume.

Das Kurhaus verfügte auch über eine eigene Bibliothek mit Lesesaal.

Der Speisesaal der Rheumaheilstätte für die zahlreichen Kurgäste. Mit dem Ausbruch des Zweiten Weltkrieges wurde der Kurbetrieb eingestellt.

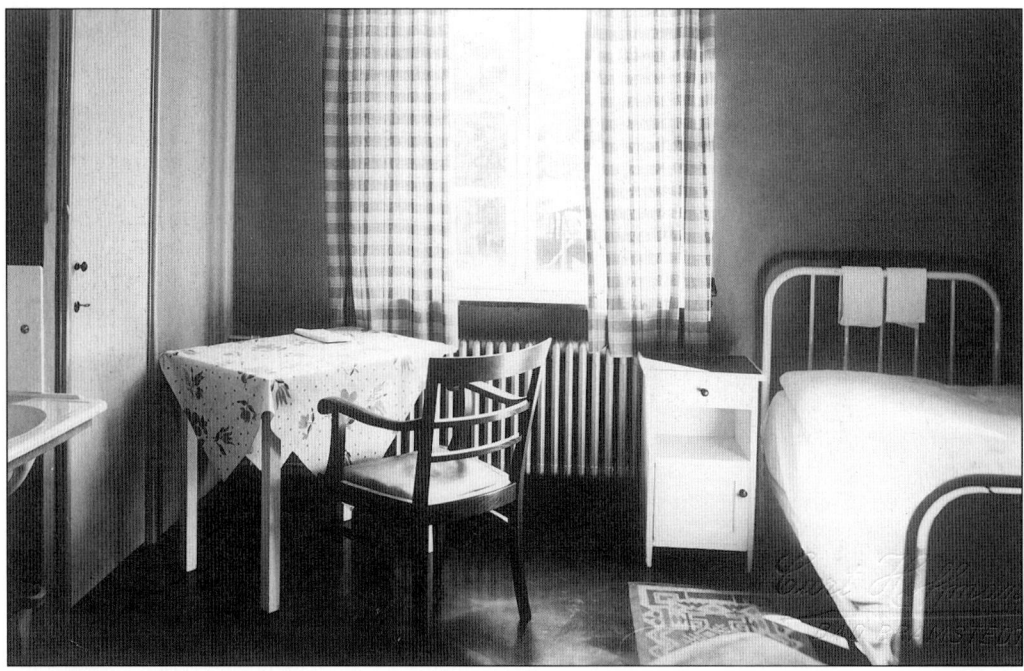

Ein typisches Patientenzimmer. Von 1939 bis 1946 wurde die Rheumaheilstätte zum Reservelazarett umfunktioniert und diente nach dem Zweiten Weltkrieg zunächst als Flüchtlingskrankenhaus. In den Jahren 1947/1948 wurde der Kurbetrieb wieder aufgenommen.

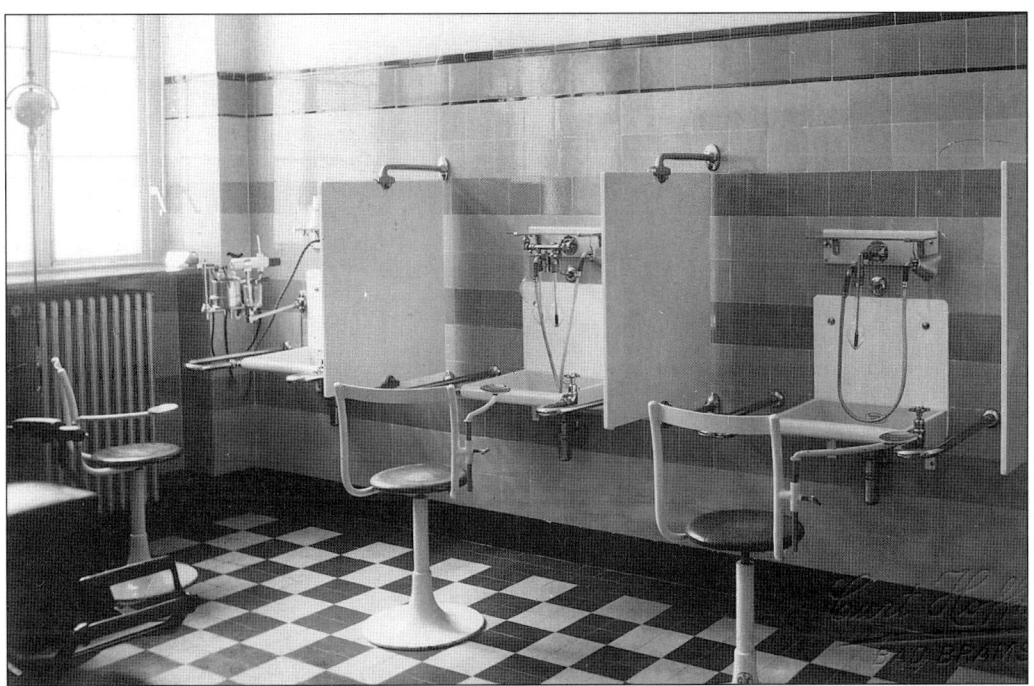

Der Inhalationsraum der Kurklinik.

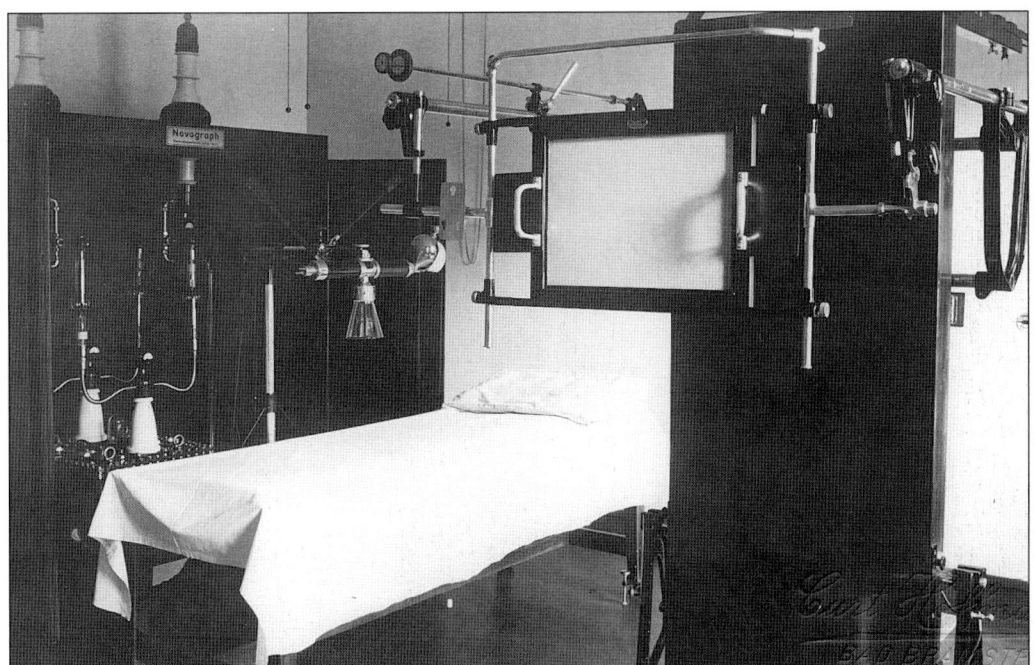

Die Klinik war natürlich auch mit einem für die damalige Zeit hochmodernen Röntgengerät ausgestattet.

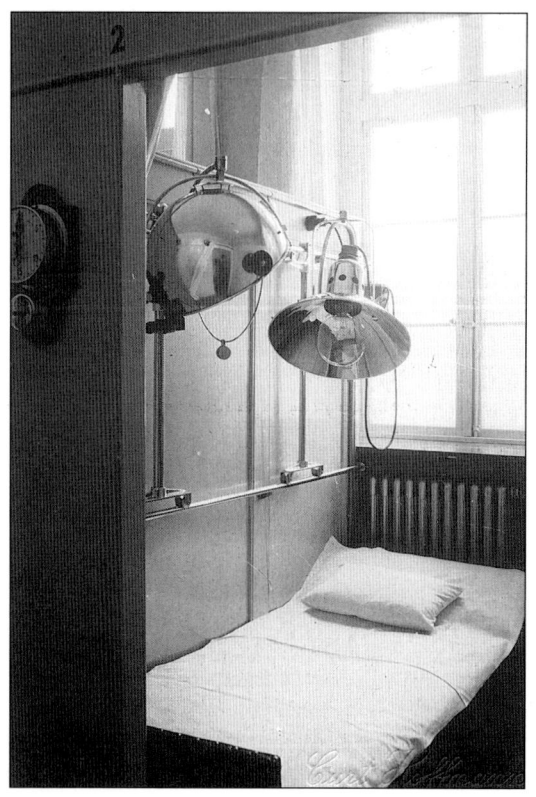

Auch Bestrahlungseinrichtungen und Behandlungszimmer entsprachen den modernsten Anforderungen dieser Zeit.

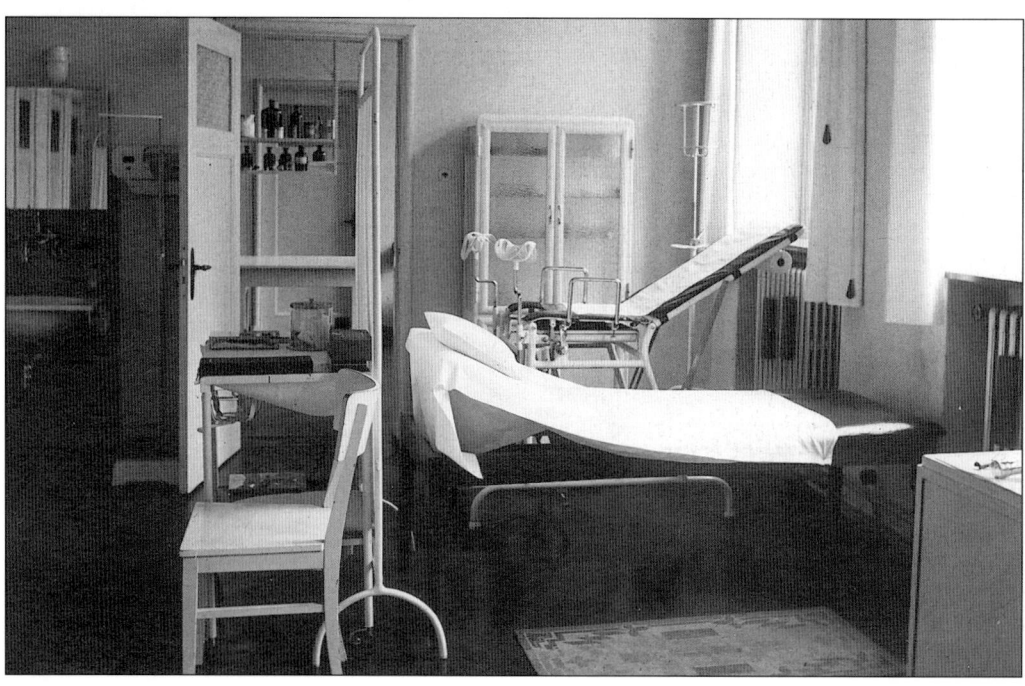

Der neuerbaute Badering. Jede einzelne Tür führte in eine sogenannte Badekabine, in der Moorbäder verabreicht wurden. Vom 1. Juli 1977 bis zum 13. November 1979 wurden die Kabinen Zug um Zug abgerissen und modernisiert.

Hier ein Blick in eine Badekabine: Links in den sogenannten Moorkübeln wurden die Anwendungen verabreicht, nach dem Bad im Moor wurde rechts normal gebadet, um sich von den schwarzen Moorrückständen zu befreien. Jeder Kurgast hatte seinen eigenen Kübel, in dem sein persönliches Moorbad aufbewahrt wurde, da das Moor für mehrere Anwendungen genutzt wurde.

115

Mit der AKN handelte Oskar Alexander günstige Konditionen für die Kurgäste aus. Es gab Bade-Fahrkarten nach Bad Bramstedt mit 50prozentiger Ermäßigung auf den Fahrpreis, inklusive eines Solebades.

Das neue Kurhaus bekam eine eigene Haltestelle der AKN, die bis heute wie ehedem nur aus einem Wartehäuschen besteht.

Zu den herausragenden Leistungen von Oskar Alexander gehörten nicht nur großes kaufmännisches Geschick und Weitsicht. Er war auch der Erfinder der Trockenmoorsole und des Schwingweges, hier zu sehen in einer Aufname von etwa 1936. Die Trockenmoorsole war eine Paste für Haus-Badekuren. Der Schwingweg sollte Gelenkbeschwerden lindern und die Leistungsfähigkeit von Sportlern steigern.

Um das Moor für die Anwendungen zum Kurhaus zu transportieren, unterhielt die Klinik eine eigene Moorbahn. Mit dieser Schmalspurbahn wurde das Frischmoor zur Aufbereitung direkt in das Kurhaus gefahren.

Seit dem Frühjahr 1931 pendelte die Bahn zunächst mit einer, später mit vier Lokomotiven zwischen den Moorflächen und der Klinik. Dabei mußte die zwölf PS starke, 4.000 Kilogramm schwere und 13 Kilometer schnelle Bahn 3.700 Meter zurücklegen. Die Schienenfahrzeuge hatten gegenüber allen anderen Transportmöglichkeiten unschlagbare Vorteile: Sie boten die Möglichkeit, große Mengen Moor zu bewegen, und durch die Schienen wurde das Gewicht auf den empfindlichen Naturflächen schonend verteilt. So konnte das Gefährt nicht einsinken, und das Moor konnte sich immer wieder regenerieren.

Vier- bis fünfmal pro Tag fuhren die Züge, um die 1.800 Kubikmeter Frischmoor, die für die Moorbäder jährlich gebraucht wurden, zu bewältigen. Im Rahmen der Modernisierung wurde ein Pumpsystem installiert, das die Moorbahn ersetzte. Die Gleise wurden abgebaut und an ihrer Stelle Rohre verlegt, durch die das Moor ins Kurhaus und zurück gepumpt wurde. Heute

fährt die Moorbahn wieder als Museumsbahn. Der am 15. März 1999 von Eisenbahnenthusia-sten gegründete Verein Wald- und Moorbahn Bad Bramstedt e.V. (WuM) erhält den Betrieb der sympathischen kleinen Bahn mit viel Liebe und Einsatz aufrecht.

Nach der Ankunft der Loren im Badehaus wurde das Frischmoor zur weiteren Bearbeitung in die Moorküche geschaufelt.

In der Moorküche warteten die Arbeiter auf das Frischmoor, um es für Bade- und Packungsmoor aufzubereiten.

Das fertige Moor wurde in die Badekübel gefüllt und in die Badekabinen gebracht.

In langen Reihen waren die Moorkübel für die Patienten in den äußeren Räumen des Baderinges aufgestellt und warteten auf die nächste Anwendung.

Hatte ein Patient seine Therapie abgeschlossen, oder war eine bestimmte Anzahl von Anwendungen erreicht, wurde das verbrauchte Moor mit der Bahn wieder ins Moor zurückgebracht und dort zur Regeneration abgelagert.

Die Verladestation am Badering.

Moorbahnfahrer im Moor.

In den Jahren 1951 und 1952 wurde das Hauptgebäude des Kurhauses um ein weiteres Stockwerk erhöht und ein Wirtschaftsgebäude erweitert.

Am 19. Mai 1956 erhielt Bad Bramstedt einen viel beachteten Besuch von Mr. William F. Bramstedt von der Cartex Oil (Germany) GmbH aus New York. Wie die Namensverwandtschaft zu deuten war, wußte niemand so recht, zumal von einer Auswanderung einer Familie aus Bad Bramstedt nach Amerika nichts überliefert ist und auch Bramstedt als Familienname in keiner Chronik des Ortes zu finden ist.

Auch das Moorsole-Bewegungsbad stand auf dem Besichtigungsprogramm von Mr. Bramstedt. Das Bewegungsbad mit Unterwassermassage gibt es seit 1953.

Diese
Bücher aus
Ihrer Region sind
im Handel erhältlich:

Sutton Verlag

BÜCHER AUS
IHRER REGION

Brunsbüttel und Umgebung
(Heinz Lewerenz)
3-89702-348-2 / 17,90 € [D]

Geesthacht. Ein Fotoalbum 1950-1975
(William Boehart / Helmut Knust)
3-89702-376-8 / 17,90 [D]

Preetz
(Peter Pauselius)
3-89702-400-4 / 17,90 € [D]

Rendsburg
(Martin Westphal)
3-89702-140-4 / 16,90 € [D]

Schleswig. Die fünfziger und sechziger Jahre
(Holger Rüdel)
3-89702-309-1 / 17,90 € [D]

SUTTON
VERLAG